ESPEJOS DE AZALEA

ESPEJOS DE AZALEA

FERNANDA TLALOLIN

Valparaíso
EDICIONES

Número 506 de la Colección VALPARAÍSO DE POESÍA
dirigida por FEDERICO DÍAZ-GRANADOS

Diseño de la colección: Chari Nogales

Maquetación: Ciclo Creativo

Primera edición: julio de 2025

© De los poemas: Fernanda Tlalolin
© Imagen de portada: Ángel Meléndez

© Valparaíso Ediciones
  C/ Fray Leopoldo, 7 bajo, 18014 Granada
  www.valparaisoediciones.es

  ISBN: 979-13-87538-65-1
  Depósito Legal: GR 981-2025

  Impreso en España - *Printed in Spain*
  Gráficas Gami

El papel utilizado para la impresión de este libro está calificado como papel ecológico y procede de bosques gestionados de manera sostenible

ESPEJOS DE AZALEA

Para Ania y la poesía de enfrente.

*

En el más árido terreno del dolor algunas semillas, las palabras, son arrojadas al surco del miedo y de la herida en este libro, desde donde buscan aun resignadas, la posibilidad de nacer. Su inicial impedimento es el propio lenguaje que se disemina como un virus —recordamos a Burroughs— que, en su necesidad de replicarse y condicionarnos, nos arrastra en la espuma de la desolación. En *Espejos de azalea* Fernanda Tlalolin pone ante el azogue la herida abierta y alcanza, alternando el poema en quemante prosa con el verso, un tono con el que germina en las opacas semillas un ámbito del cuerpo, de la maternidad, del amor y del miedo, con el que da cuenta del horror y la maravilla de nacer y de existir. Asistimos pues, con este libro, al nacimiento de la fruta amarga de la pena, pero también al nacimiento de una voz poética en su primer y venturoso libro.

Roberto Amézquita

SEMILLA

Como espuma que inerte lleva el caudaloso río,
flor de azalea, la vida en su avalancha te arrastró

FLOR DE AZALEA, MANUEL ESPERÓN

Al principio, me cuentan, nací de mala gana.

BEATRIZ HIERRO LOPES

I

Desde tu cuna escuchas
a la mujer que llora la muerte de sus hijos.
las recién paridas murmuran a su alrededor,
parece que el dolor físico no es capaz de cerrar sus bocas.
Han sido dos los muertitos, eran gemelos.
Sus voces cortan el cuerpo de la madre
y ese filo también te atraviesa.

Lloras.

Un vacío en el estómago te deshace los labios,
es el presagio de tu futuro;
los pechos de tu madre están secos,
ninguna persona está dispuesta a alimentarte
y el hambre te revienta los tímpanos,
te va llevando hacia la sombra de la cuna vacía,
lugar donde los nacimientos son la raíz de la tristeza.

Los brazos de aquella mujer que llora
detienen tu camino hacia el deceso,
sus manos posan sobre tu lengua
la extraña flor en la que se ha convertido su seno,
una azalea con las venas hinchadas por la desgracia.

Abres los ojos.

Su llanto es fruto mezclado con la leche que te alimenta
cordón umbilical absuelto de la muerte,
madre e hija sólo por esta noche.

II

Lo que sé de inicio es esto: yo, algo de madre
algo de padre y un tercio de ventana abierta
BEATRIZ HIERRO LOPES

Quien asegura amarte no te conoce, dice mi madre. Lo que saben de mí es un fragmento de infancia artificial. Ignoran la cuna donde los inútiles sueños y la cobardía fueron heredados por mi padre.

Ella dice, que sólo conocen las arrugas de mis ojos, el colmillo incrustado y el labio superior débil, que me asemejan a la boba sonrisa de él, pero desconocen la torpeza de mis manos, esas que no pueden llevar el alimento a la boca de otros, ellas tiran todo en su camino y sólo sirven para lo improductivo de la palabra.

Ellos ignoran tu hernia inguinal derecha, dice mi madre, la cicatriz testigo de lo mucho que me ha costado algo tan simple como nacer, esa fragilidad legada, miedo al abandono convertido en joroba, insomnio crónico adherido a la costilla, los ojos del estrabismo que se mueven en la búsqueda inútil de reconocer en alguien la lealtad.

Lo que una persona es se mama, dice mi madre, pero tú rechazaste mi pecho desde que abriste los ojos, por eso eres la viva imagen de tu padre: un ser que busca el refugio en algo más que el agua, la ternura vacía que nadie podrá tolerar.

Pero mi madre también dice que nadie conoce a mi padre como ella, que le abrió sus manos a su hernia inguinal derecha, a su miedo al abandono convertido en joroba, al insomnio crónico adherido a la torpeza de su cuerpo.

Amé la línea de su labio, dice mi madre, y la sonrisa estúpida que acentuaba sus ojos incapaces de sostener la verdad.

III

Pero al final, la sombra,
un miedo antiguo al fin me reconoce.

FERNANDO VALVERDE

Hay una voz que me arde en los oídos,
anuncia mi hundimiento en la catástrofe.
Su palabra aparece en los ojos
de las muñecas que me observan,
expectantes de mi insomnio,
carroñeras de mi cuerpo.

La lengua heredada
es memoria de la muerte,
noche que despoja
la infancia de mis huesos,
enunciación sembrada
en la cabeza.

Soy el destino de mi padre:
vida anquilosada por el miedo,
párpados que nunca han de descansar,
mancha en la mirada tierna,
una niñez que se pudre entre juguetes.

IV

Nunca he tenido una cama;
sólo he recostado mi cabeza
en el colchón de los abuelos,
lugar donde soy la excusa
para soportar el odio que callan.

A su lado
puedo oler la azucena
que les crece en la garganta,
flor de su desdicha,
tallo que los une en la miseria,
una atadura que me esclaviza
los sueños.

V

Al despertar
miras las aves de odio
que se han posado en tu ventana
y te preguntas si en medio del pico
ellas también ocultan
la semilla del amor.

AMOR

Nunca viste a tus padres besarse,
la intimidad era para ellos
un ramo de rosas blancas,
flores que escupían
la gota agria del amor.

Los recuerdos deshojan,
uno a uno, los pétalos de su carne,
arrancan raíces, los dejan ciegos.

Los recuerdos se marchitan en el jardín
que sembraron debajo de tus pies,
donde ahora recoges
sus pedazos.

AUGURIO

Huyes del miedo,
pero circula por tus venas,
lo sientes irrigarse suavemente,
hacer un eco,
obstruir tu garganta.

No hay salida,
basta tocarte las arterias de las sienes
para sentir su pulso.

SEIS LLAMADOS

I

Nunca fui compasiva con mi madre, ella sólo era una mujer que esperaba parir una niña sana.

Todos los días se pregunta *¿qué fue lo que hice mal?* A veces lo hace delante del espejo, otros días lo hace en la ducha, y otros más lo pregunta en silencio cuando me mira.

Tal vez por esconder el embarazo ocho meses, se dice, *tal vez fue esa paleta caducada que comí, o quizá fue ese esposo inútil que me preño.*

No debí dejarla tan sola, debería haber conseguido una cura, pero no tenía tiempo, debía trabajar se repite.

A veces se consuela *no puede ser mi culpa, los defectos son del padre, o herencia de la tía esquizofrénica, sí, eso debe ser, la tía esquizofrénica.*

Pero hay días, muchos más de los que ella quisiera, que se vuelve sorda para ignorar mis palabras, días donde corre para huir de mis pasos, días que reconoce mi cuerpo como un castigo, días en que ve mis manos como una condena y en mis ojos el fuego del infierno.

Tal vez por eso desde niña, para salvarse, todos los días reza.

II

Para Norma

Es esta enfermedad de la palabra
lo que me consume, madre,
ojalá existieran antibióticos
para curar la fiebre que me transfigura la lengua,
una pastilla para terminar con esta materia verbal,
un jarabe para liberarme de mí misma.

III

Madre, en mis ojos se aprisionan las sombras.
Abren sus puertas por la noche,
hacen de mi lengua un arma que te dispara.
Puedo verte llorar.
Abrázame
yo también tengo miedo.

IV

Para que mis palabras te dejen de perseguir, madre,
es necesaria mi muerte.
No basta con golpearme la boca,
no basta con arrancarme los dientes,
no basta con atravesarme la lengua.

Tendrías que armarte de valor
y aventarme desde un tercer piso,
azotar mi cabeza
reventarla hasta que tus propias manos
te concedan mi silencio.

V

En la noche los espejos muestran la verdad, madre.
Tal vez por eso enciendes la luz,
te niegas a ver el reflejo que te figura mi imagen,
te niegas a descubrir que tú también estás enferma.

VI

Tal vez la cura del lenguaje,
madre,
es entregarme en silencio
hacia tus brazos.

AHOGADO

Para Hugo Fdz

Mi padre lleva una gota de alcohol incrustada en la frente,
yo la comparo con la lluvia.
Él dice que es el mar,
tal vez por eso se refugia en la playa cuando puede,
pero nunca mira el tiempo
y cuando su nostalgia sube la marea
se pierde en las olas
para morir ahogado.

PRONÓSTICO

Una vena en el rostro
anuncia la sangre como una tormenta bajo la piel.
Su forma de relámpago púrpura
señala que la llovizna aún me persigue
y que su humedad hará reventar mis ojos
como dos vidrios ahogados.

No hay manera de esconderme,
al nacer
un hombre sembró la lluvia de rabia sobre mi cabeza,
condena cobarde,
semejanza cruda de su lágrima.

El granizo frente al espejo
es la marca de su linaje:
gota de la que es imposible huir
al mirarme la cara.

Sólo queda recibir el huracán
y esperar su muerte
lo único seguro e impermeable.

ESCUCHA

Papá, el día que te mueras
plantaré un jardín de jacarandas,
besaré la tierra donde pisaste
y elevaré un canto al cielo;
esa será mi ofrenda para el Dios
que escuchó mis plegarias.

JARDÍN

Para Manuel Tlalolin

El tiempo no se retracta, abuelo,
ha llegado con su tormenta
para llover sobre tu tronco.
Piensa derribarte,
tirar tus ramas,
y obligarte a reposar.

Desconoce que de ti
brotan semillas de cerezo
que aún en la tormenta
habrán de florecer.

ESPINAS

Es la vida rompiéndose,
el tiempo se apresura
y te da la razón
FERNANDO VALVERDE

RAÍZ

Es el recuerdo de un pétalo amarillo
lo que han sembrado en medio de tu frente:
raíz venenosa de la memoria
que te crece detrás de los ojos.

LENGUAJE

Para Alejandro von Düben

La palabra
        es
            un nudo de cabellos
                    en mi boca

MARCA

Donde mi cuerpo es una cicatriz interminable
se encuentra todo lo que me acaricia:
la mano de Dios que toca mi piel
y la vuelve desgarradura.

ESCAPAR

Desde niña escapo de algo:
un cuerpo sin rostro me persigue,
proyecta su sombra en la profundidad de mi memoria,
dice que la intranquilidad
es cicatriz de las manos que han tocado mi cabeza.
Desgarradura ínfima
donde se derrama el miedo.

LUGAR COMÚN

And I need to feel real love and a life ever after
I cannot get enough
ROBBIE WILLIAMS

Desde siempre, lo único que quiero,
es el lugar común de ser amada.

Un susurro de golondrina
flores al amanecer,
caricia que reconozca de memoria,
los gestos de mi cuerpo,
unos ojos donde el amor
sea el proyectar lo oscuro
de mi sombra.

CONSEJO

A mi abuela Lupita

Cuídate de los hombres
que te arrancan las pestañas
para pedir sus propios deseos.

CAUTIVERIO

He hecho del amor una jaula perpetua.
Soy un pájaro que construyó, uno a uno los barrotes.
Con mi pico atravesé mi propia piel,
puse mi cuerpo a expensas del falso nido,
ahí donde cultivé el deseo agrio
de ser amada.

NIDO

Has cortado tu muslo
para sentir que aún te perteneces.
La autonomía del dolor
te proclama dueña de tu cuerpo.
Eres la gota de sangre que se escapa
y es un chillido lo que te despoja de tu celda.

Lo que no revelas, desgarra.
Tus dientes son la cerradura de la que otros tienen llave.
no has tenido más remedio
que arrancar tu lengua para poseerla
y sostener en su tortura
la libertad de la palabra.

No sabes cuántos días llevas aquí
sólo viste amanecer una vez.
Antes de que el amor
se convirtiera en una hiena nocturna
que espera la sobra de tu carne,
la miras en la esquina del encierro
pero no estás dispuesta al sacrificio
y clavas la última herida en tu vientre:
nido del cautiverio.

MATERNIDAD

Ocupando un lugar que era mi lugar
existiendo a deshora,
haciéndome partir en dos cada bocado
Rosario Castellanos

El día que mi hija nació
me volví madre de todos los que habitaban mi casa,
uno a uno se fueron colgando de mi senos
para ser amamantados.
Estaban hambrientos,
dispuestos a robarme hasta la última gota,
a vivir a mis expensas.

Mi cuerpo, poco a poco, comenzó a pertenecerles,
mordían mi carne como perros salvajes,
devoraban mis sueños
los arrancaban de mis entrañas.

Me volví un deshecho entre sus manos,
una mujer abierta,
festín para los no nacidos en mi vientre,
depredadores que le roban el color a mi sangre
despojando a mi cría
de su bocado.

ESTIRPE

Disfrazados de hijos
se apoderan de mi cuerpo.
Abren mis piernas,
me hacen parir su propia carne,
me obligan a pujar
hasta que nazca el último producto,
hasta que se detenga mi existencia
hasta desangrar.

SIN NOMBRE

Serás llamada: *madre*

tu nombre
ahora será
palabra antigua
de una lengua muerta.

CARROÑA

Nunca quise ser madre,
pero he parido desde que nací,
me he despojado de mi cuerpo
 y se lo he entregado a mi estirpe.

AVISO

Para mi hijo Alí

Tú no quisiste nacer a expensas de mi cuerpo
huiste de todas las formas posibles
tal vez porque sabías lo que nos esperaba.

Desprendiste tu carne
del cordón umbilical
para huir de mí.

¿De qué destino me estabas avisando?

MILAGRO

Para mi hija Ania

Vamos a ser recién nacidos juntos,
Ese va ser nuestro milagro
TANIA TAGLE

Me aferré a tu cuerpo hasta que creciste 50 centímetros
aun así no querías nacer,
hubo que forzar tu llegada
abrir una herida
extirparte.

No quise llamarte
hasta saber que respirabas,
tu llanto inauguró el inicio de nuestra vida
y cuando abriste los ojos
obtuve un sitio visible en el mundo

ese fue el verdadero nacimiento.

VOLVER

No pretendía volver, pero no basta con pretenderlo,
el verano emana de mí y todos los caminos se tuercen en su polvo
MIJAIL LAMAS

No tengo a qué volver a tu casa
y sin embargo
un murmullo tan antiguo como el dolor
me arrastra al contacto de tu infierno
donde la herida es el único pan
que se sirve en tu mesa
un pedazo de odio
que me llevo a la boca.

No tengo a qué volver a tu casa
pero mi cuerpo busca el camino
que lo lleve hacia tus brazos
un refugio quebrado por el silencio
golpe de orfandad que me revienta los ojos.

No tengo a qué volver a tu casa
su puerta sin llave es el castigo
que sólo para mí guardas
y sin embargo
el murmullo de tu voz
me hará siempre volver
como una sentencia que ha de cumplirse.

PEONIA

El dolor en tu rostro pegado como sombra
FERNANDO VALVERDE

La peonia roja en tu pupila te recuerda:
no descansarás jamás.
Su pétalo es coágulo sobre tu rostro,
oscuridad que ha sembrado tu estirpe,
raíces que se aferran como sombra
a la luz de tu cuerpo.

Su tallo te crece en las arterias,
es el linaje que obstruye lo que eres:
una hija con el cansancio en los labios,
palabra trombo
a punto de reventar
                    el silencio.

El dolor:
una embolia.
Su densidad:
la herencia sobre tu carne,
gota de angustia el insomnio
como el pulso de la noche sobre tu cuerpo.

En cada latido la sangre
busca una fisura entre tus venas.
Habría que amputar lo que les pertenece,
provocar una hemorragia,
apagar su voz,
buscar el descanso.

54

AUTORRETRATO

Esa mujer me mira imperturbable,
dos caracoles negros le han bebido los ojos
PIEDAD BONNETT

En mis dedos se enroscan anillos
piedra rabia
mi cabello se adorna con pasadores
lirio llanto,
mis ojos se cubren con pestañas
cuervo ausencia
y mis labios se tinturan
falso rojo.

Nunca me ha pertenecido nada
sólo soy dueña de la soledad
que consume el lado derecho de mi rostro
donde la belleza es una luz
que deshabita mi cuerpo

un encanto de sombra
oscuridad donde nadie mira
ni siquiera aquellos a los que he amado.

La deformidad me oprime,
mi reflejo es una fiera que me arrastra al vacío
donde me oculta todo aquel que me toca.
Animal escondida debajo de la lengua
esa mujer que soy mira su cara
retrato atravesado por el miedo
cicatriz irreversible.

UNA VOZ

Mereces lo que sueñas
dice Gustavo
y su voz es un cuchillo
que atraviesa tu cuerpo.

Él no sabe que sueñas
con quien siembre en tus pestañas
una azalea que te cubra el llanto,
raíz que te arrope la cabeza
y trence en tus cabellos
la cura del insomnio:
el amor.

Él no sabe que sueñas con el amor
aún cuando has sido
desde antes de nacer
una úlcera en la boca
para quien pronuncia tu nombre

tu nombre
secreto de familia,
vergüenza desde el primer cordón umbilical,
herencia que te vuelve un bulto insostenible
para el que te posee.

Lo que sueñas
convertido en la desgracianiña
que ahora eres,
madre con un hijo muerto entre las piernas,
senos de leche fermentada,
alimento de cólera,
mujer inútil.

Mereces lo que sueñas
dice Gustavo
pero él no te conoce
él no sabe que tú
no mereces nada.

BUGANVILIA

Nacía marzo
y sobre la mesa
la angustia era un cristal que giraba frente a los dos.

Tu boca me escupió
una buganvilia entre las manos
palabra flor que se deshojaba con tu lengua
y de a poco
como nuestra amistad
moría.

Guardé su pétalo rígido
en las pestañas,
una semilla
que ahora nos crece como hiedra
en los ojos.

CICATRIZ

Al decir su nombre
la memoria es una cicatriz
que todavía arde
ahí donde el tiempo
encuentra la forma
de dañarte los labios.

PACIENCIA

A partir de un poema de Luis García Montero

De verdad, yo lo sé,
no hay descanso
para quien duerme con una mujer
que teme ser devorada
por la noche.

ÓBITO

A llenar sus ojos de mar
Porque sus ojos tienen la inquietud del agua
IRMA PINEDA

Hay una mujer que llevas como sombra
su cuerpo es la tormenta que desvía tu mirada
malecón de ternura
nostalgia convertida en río.

El sonido de su nombre
es palabra que no pronuncias
amor adolorido
soledad en la isla.

Las olas de sus ojos
golpean con furia tu pecho
mojan una a una tus memorias
hacen de su adiós el diluvio en la costa.

Sus aguas azotan contra tus pies
la carne de mis celos
mi corazóncadáver
que flota
       a mitad
             del mar.

FLORECER

Para Alexis Jayr

Si tú me miras, yo me vuelvo hermosa
como la hierba a que bajó el rocío
GABRIELA MISTRAL

UN NOMBRE

Mi nombre se construyó con la voz
de cada mujer que te ha amado.

CAFÉ

Durante mi vida he deseado ser muchas cosas,
bajista, poeta, adulta, madre, feliz.
Pero nunca he deseado tanto ser una cosa,
como cuando te vi tomar la taza entre las manos.

Ojalá mi cuerpo fuera esa loza
a la que te aferras sin miedo a quemarte los dedos,
ojalá mi boca fuera esa boca
desgastada, ajena,
a la que le permites derramarse
entre las líneas de tus labios.

Ojalá mi beso fuera ese café amargo
gota que se resbala por la curvatura de tu mentón
e interrumpes con el pulgar
antes de que se cuele por tu cuello.

Cuánto deseo ser una taza
y que soplaras mi humedad
para regularme con la temperatura de tu lengua
y tomaras mi cuerpo, frágil cristal que se ofrece
a quitarte el frío y la sed.

Pero hoy,
hoy cuánto deseo ser una mujer,
mientras esta noche soy una taza
cuando tomas café.

CUATRO FLORES

I

Espasmo de su cuerpo desnudo
miel de heliotropo blanco
humedad de semilla
fertilizando mi lengua.

II

Llegas
y la palabra
es un girasol que crece
en medio del desierto.

III

Cuando besas mis ojos
en las pupilas
me crecen lirios.

IV

Mi corazón
una azalea roja
que florece
entre tus manos.

           el colapso
        pétalo pulsante
   en la profundidad del vientre

un perfume   un
fuego
en la curvatura   tu nombre de agua y gardenia   líquido en
la espiral
de la lengua   de los
labios

           una raíz
        donde la espina
        es el silencio

NACIMIENTO

Y yo que me soñaba nube, agua,
aire sobre la hoja,
fuego de mil cambiantes llamaradas
ROSARIO CASTELLANOS

Nunca
como a tu lado
fui hermosa

plantaste con tu lengua
un par de semillas en mi cuerpo
amapolas hinchadas por tu tacto
flores donde habitaron
esqueletos de sombra.

ESPEJO

En tu torso de siempreniña
el dolor te ha negado la imagen de la belleza.
Tu enjuta desnudez
huye de la luz que descubre tus senos
como dos gotas amargas de la memoria.

Son las manos de un hombre
las que te obligan a mirarte al espejo,
tu oído se entrega a su lengua
haciéndote perdonar lo que no nombras.

Mírate
sus dedos se clavan en tus muslos
como si fueran dos cañas de azúcar
y no un par de frutas lastimadas.

Mírate
son sus dientes de bestia
los que te vuelven hermosa,
cada mordida desprende de ti
el jugo de tu perdida dulzura

mírate

su saliva pinta tu carne de gracia

mírate

la luz

mírate

el orgasmo

mírate

por fin eres preciosa.

BESTIA

Hay un hombre descansando entre mis senos
animal moribundo
un orgasmo de sal le escurre por la boca

su sexo
es un húmedo gemido de dolor
donde se expone frágil
acabado
mío.

Las heridas en su espalda
vestigios
donde mi piel es una perra
sometida por sus colmillos de sombra.

Donde mi piel es todas las lesiones
en sus costillas desnudas,
la erección de tinta
debajo de sus muslos
su dulce durafuria que crece
y se hunde de nuevo
                    entre mis piernas.

DESCANSO

A partir de un poema de Alfonsina Storni

Buscaré un sitio
        donde abandonar
                este montón de piedras
                        que es mi cuerpo

                        para
                        llegar a ti
                        y
                        descansar.

DOS LLOVIZNAS

I

Desnuda vas saliendo
mojada del sueño de la lluvia
RUBÉN MÁRQUEZ MÁXIMO

Afuera llueve,
pero en mí
eres quien controla el agua.
Tu miembro de música azul
pinta el tempo del torrente
abre la frágil arquitectura
que tensiona lo acuoso de mi voz.
En el vaivén cada gemido
se vuelve sílaba,
palabra,
ritmo que derrama la humedad
del poema
sobre
      tu
         cuerpo.

II

Es a contraluz
que pienso en tu orgasmo
como un relámpago
atravesándome el cuerpo.

RETRATO

Su cuerpo, patria justa de mis manos,
es morena tarde que termina

MIJAIL LAMAS

Alexis tiene música de Bach en los ojos,
conciertos de ternura
y dos testigos de milagros.

La partitura en su entrecejo
es canción de su paciencia,
línea puntual de su dulzura,
nota que sujeta mi calma.

El sentido de justicia
es palabra que reposa en su boca
por eso construye distancia ante el conflicto,
una separación tan larga como su labios.

Tiene la capacidad de volver hermoso
todo lo que toca,
incluso la raíz mi amargura,
hiedra embellecida por sus manos.

Es de imaginar que nunca me separe de él
aún cuando el cansancio guarde su luz
y su silencio sea para mí
el único canto.

ALIMENTO

Ah, su torso desnudo, la tensión de sus músculos,
la sangre de su arteria palpitando
PIEDAD BONNETT

En la oscuridad
debajo de tus rodillas

observo la sombra de tu pene
es gota de luz que se derrama

humedad de dulce
sabor sobre la lengua

una silueta en la penumbra
mi cuerpo desnudo

enciende la luz
quiero verte los ojos.

MILAGRO

Comes
masticas como un niño,
tus dientes se aferran
a la parte más dulce de la manzana,
su jugo te convierte los labios
en un pájaro que abre las alas en medio de la mesa.
Su vuelo derrama frente a mis ojos
tu fascinación por el mundo,
un canto de asombro
donde la verdadera belleza
es contemplarte.

GUSTO

Me cuentas que puedes adivinar de qué está hecho cualquier guiso con sólo probarlo.

Que años atrás descubriste el ingrediente que faltaba en la sopa de tu madre con catar una a una las hierbas del mercado.

Ahora mismo, me dices, con la seguridad que te da tu talento, lo que conforma mi bebida: *leche, canela, jengibre y un toque de clavo...*

Pienso en todas las veces que has probado mi boca. ¿Habrás identificado en ella los restos de mi amargura? ¿O el sabor a miseria que me arde en los labios? ¿O el anís que me revienta el dolor en el rostro?

Tal vez reconociste la semilla de mi sombra y, en su sabor, los trocitos de mi desgarradura.

¿Su memoria de sal habrá rasgado tu lengua?

Dímelo

Nombra los ingredientes de mi llanto.

ESPEJOS

En el espejo en cambio, se amotinan
los que fueron un día, tan idéntico a este
PIEDAD BONNETT

TRES IMÁGENES
EN EL LUGAR DEL LLANTO

A Mijail Lamas

I

Tijuana es la tierra del incendio
lugar donde alguna vez
ardió tu palabra.

II

El día te revienta la boca
su aguijón se clava en tu garganta
y un veneno de lumbre
sofoca en tus labios
el inicio del poema.

III

Escribir
es la única forma
de soportar el verano
que consume
tu cuerpo.

AVE

Para Belén Zitlalpopoca y Citlalli Flores

Cae
tu voz
sobre la tarde
tu palabrapájaro
vuela
entre los árboles y el abismo
donde la escritura
es el canto del silencio
una viajera
que sobrevive
      al
      viento
      roto.

TIEMPO

Para Itzel y Daniel

Finalmente se le cumplió el sueño de volverse eterno:
se convirtió en tiempo
ITZEL SAUCEDO

Donde me sembraron las heridas,
posa los dedos,
acaríciame.

Debajo de las canas
busca la raíz que precede a la muerte,
tómala entre tus manos
arráncala de mi cabeza.

¿Sientes la desgarradura?
es la edad convertida en sombra
un reloj que me desvanece la imagen frente al espejo.

Mi desnudez
fruta amarga que oscurece entre tu boca
es el paso del tiempo
palabra
que si me miras
no he de pronunciar.

FLOR DE AZALEA

Para Gabriela García

Y despertarte muy dulcemente si aún estás dormida
a la alborada de una nueva vida llena de amor
FLOR DE AZALEA, MANUEL ESPERÓN

Háblame de tus ojos pálpitos del silencio,
de la larga espera que hay en tus pestañas,
de la fragilidad tan punzante en tu boca.

Háblame del dolor que venció tu cabeza
de la enfermedad de la palabra que arrastras.

Dímelo

Permíteme nombrarlo en el poema,
haz que tus pérdidas sean arrastradas por el lenguaje,
duerme tu cuerpo
descansa de aquello que tu voz no puede nombrar.

Dímelo

Y sembraré una semilla flor de azalea
debajo de tu lengua
raíz que abrirá tu boca
cerrada por el dolor.

ÍNDICE